Los Secretos del Lenguaje Corporal

Dominar el arte de la comunicación no verbal utilizando técnicas psicológicas, habiliadades sociales y inteligencia emocional

Índice

Introducción

"Una sonrisa es la curva que todo lo endereza" Es maravilloso el poder que tiene una sonrisa.

En este libro, aprenderás que las otras expresiones faciales y corporales también tienen un fuerte poder para hacernos sentir poderosas emociones y cambiar tanto nuestro mundo interno, como el mundo de otras personas. ¿Lo habías pensado?

Los seres humanos somos seres sociales, y por eso disfrutamos de la compañía de otras personas, pero sobre todo, disfrutamos de comunicarnos, y el lenguaje corporal es una parte importante de esa comunicación.

Por otro lado, aprenderás interesantes detalles de lenguaje corporal para reconocer cuando le gustas a alguien, y estamos seguros de que esta información te será muy útil si buscas a alguien especial. Es posible que esa persona esté más cerca de lo que piensas.

Por último, aprenderemos a reconocer a los

mentirosos y detectar las mentiras que eventualmente nos dicen nuestros amigos y hasta nuestros seres queridos. Verás que aprender a detectar las mentiras requiere de ser una persona observadora, pero con los criterios apropiados y con un poco de práctica, es posible reconocer cuando nos mienten.

Ahora, pasemos a disfrutar de todo el conocimiento que tu propio cuerpo está listo para darte, muchas cosas te sorprenderán, y cuando te veas al espejo, ya no te verás igual.

¿Qué es el lenguaje corporal?

El lenguaje corporal, es todo lo que trasmitimos por medio de los gestos, la postura y los movimientos corporales.

Se trata de cientos de mensajes codificados de los que sólo algunos son descifrados por nuestro cerebro, y que tienen la capacidad de delatar todos nuestros sentimientos y nuestra verdadera motivación o percepción acerca de algo o de alguien. ¿Por qué es tan importante aprender a descifrar el lenguaje corporal?

Porque muchos investigadores han encontrado que el lenguaje corporal constituye hasta el 70% de nuestra comunicación, y la mayor parte de ese lenguaje es inconsciente, es decir, que no tenemos conciencia de lo que estamos transmitiendo.

Por ejemplo, cuando vemos a una persona por primera vez, su lenguaje corporal nos dice mucho sobre ella. Aunque es posible que no seamos plenamente conscientes de todos los detalles, a muchas personas les ha sucedido que alguien les parece desagradable o les parece agradable sin siquiera conocerle. Eso es una consecuencia de lo que esa persona transmite a través de su lenguaje corporal.

Cuando finalmente conocemos a esa persona, puede que nuestra percepción acerca de ella cambie, pero las impresiones que logramos obtener de su lenguaje corporal, se nos quedan grabadas en la mente con mucha más fuerza que todo lo que esa persona pueda comunicarnos con sus palabras.

En este libro aprenderemos a identificar las principales señales que transmitimos de forma inconsciente con nuestro lenguaje corporal, empezando por nuestras expresiones faciales, pasando por nuestra postura, brazos y manos, y terminado con lo que transmiten nuestras piernas y nuestros pies, ¿los pies? Sí, ¡hasta nuestros pies dicen mucho de lo que sentimos realmente!

Además, aprenderemos formas útiles de saber reconocer cuando de verdad le interesamos a alguien del sexo opuesto. Así evitaremos pasar por algunas decepciones desagradables y hasta puede que nos sorprendamos al darnos cuenta de que alguien cercano, que ni siquiera sospechábamos, en realidad le gustamos.

Por último, aprenderemos a identificar cuándo alguien está tratando de mentirnos. Por muy bueno mentiroso que sea, algunos detalles que podremos observar en su lenguaje corporal lo delatarán, y así nos evitaremos muchos disgustos y decepciones.

Con esta información, estamos listos para entrar al fascinante mundo del lenguaje corporal.

¿Qué son las expresiones faciales?

El Dr, Paul Ekman, fue el primer investigador científico que se dedicó a descifrar los secretos de las expresiones faciales en la década de los sesenta el siglo pasado, y desde ese tiempo, hemos aprendido mucho acerca de lo que nuestro rostro transmite. Por ejemplo…

Cuando nos presentemos a una entrevista de trabajo o conozcamos a alguien que nos gusta, debemos mirar a los ojos de nuestro interlocutor al decir nuestro nombre. Si tratamos de desviar o bajar la mirada, enviaremos un mensaje diciendo que estamos nerviosos, que no tenemos seguridad en nosotros mismos, y que hemos perdido la confianza en lo que decimos.

Por otro lado, si nos pasamos de la raya y no dejamos de mirar a la otra persona, sólo lograremos incomodarla; pues "clavar" la mirada se interpreta como un síntoma de desequilibrio mental, y hará que la otra persona se predisponga de forma negativa. Es decir, pensará que estamos un poco locos.

Lo que no dice la boca

Cuando una persona siente frustración, aprieta la mandíbula por un momento. Este movimiento es observable en la parte posterior de las mejillas y puede indicarnos que lo que le hemos dicho no ha sido una buena noticia para él o ella.

Para aprender a identificarlo, puedes verte tú mismo en el espejo mientras aprietas la mandíbula suavemente teniendo la boca cerrada. Después, puedes pedirle a algunas personas de confianza que aprieten su mandíbula con la boca cerrada, y podrás observar la leve diferencia entre una persona y otra.

Por otro lado, en una negociación o una entrevista de trabajo, no debemos apretar ni morder nuestros labios; también debemos evitar humedecerlos con la lengua. ¿Por qué?

Porque delatan muestra inseguridad o indecisión.

Para evitar que tus labios se resequen, toma suficiente agua; porque el nerviosismo hace que los labios se resequen a un punto imposible de disimular, sólo cuando estamos deshidratados.

La sonrisa, la que todo lo puede

Mucho se ha dicho sobre el poder de la sonrisa, pero, ¿alguna vez has notado que tú mismo esbozas diferentes tipos de sonrisa?

Por ejemplo, cuando nos van a tomar una foto y nos piden que sonriamos, casi siempre esbozamos una sonrisa que no nos sale del alma. Esta sonrisa es muy diferente de la sonrisa que sí nos sale del alma, por ejemplo, cuando volvemos a ver a un ser querido después de mucho tiempo. ¿En qué se diferencian?

La sonrisa con la que el ser humano expresa verdadera felicidad, se conoce en el mundo científico como: "sonrisa de Duchenne". ¿Qué la hace especial?

Cuando alguien sonríe por verdadera felicidad, no sólo se activarán los músculos de su boca para hacer la conocida "curva que todo lo endereza"; sino que además, se podrá ver cuando se activen los músculos situados alrededor de los ojos, generando las arrugas que conocemos como "patas de gallo".

En la "sonrisa de cortesía", que es la que le damos al mesero o la que esbozamos en las fotos, casi nunca se notan tan claramente las arrugas alrededor de los ojos.

Esto no quiere decir que la sonrisa de cortesía no sea sincera, por ejemplo, piense en la sonrisa de cortesía sincera que damos a alguien que nos hace un favor o que nos muestra bondad. Es la misma sonrisa sincera que damos cuando conocemos a alguien.

La única diferencia es que es una "sonrisa de cortesía", no de verdadera felicidad de corazón.

Ahora bien, si en realidad no estamos contentos con nuestra situación actual, ¿sirve de algo obligarnos a sonreír? Sí.

Los investigadores han comprobado que las emociones se generan en una región cerebral llamada sistema límbico, y que ese sistema es susceptible a los cambios físicos en nuestras expresiones corporales. Por eso, cuando nos sonreímos sin estar realmente felices, logramos aumentar nuestro nivel de bienestar con el solo acto de sonreír.

Lo mismo te sucederá si frunces el ceño, si lo haces, te sentirás peor. Por esa razón, vale la pena esforzarse por sonreír.

¿Qué son las expresiones corporales?

Las expresiones de nuestro cuerpo suelen ser las más desconocidas del lenguaje corporal. De ahí la importancia de conocerlas a fin de que no nos traicionen o nos delaten. Por ejemplo, cuando tenemos que esperar de pie, nuestros brazos nos delatarán. ¿Cómo?

Si estamos ansiosos no pararán de moverse; si estamos incómodos por esperar, cruzaremos los brazos; si estamos tranquilos, los mantendremos relajados a los lados de nuestro cuerpo; pero si nos sentimos aún más tranquilos y despreocupados, miraremos los cuadros en las paredes con los brazos cruzados detrás de nosotros.

Mostrar las manos es señal de tranquilidad y sinceridad, por eso hacemos ademanes con nuestras manos abiertas cuando nos sentimos cómodos. Pero cuando estamos nerviosos, escondemos las manos y hacemos pocos ademanes.

Toma en cuenta esto en una negociación, una entrevista de trabajo o cuando converses con alguien que te gusta. Si quieres verte y sentirte más seguro de ti mismo, debes hacer ademanes con las manos y al hacerlo, debes mostrar las palmas de tus manos. Nunca escondas tus manos ni coloques tus brazos en la espalda cuando converses con alguien, esto significa que estás tan nervioso que quieres ocultar tus manos.

La postura que nos hace sentir poderosos

La postura que más descuidamos, es la más simple de todas: cuando estamos de pié. Pero esa postura dice mucho de nosotros. Además, también tiene el poder de hacernos sentir diferente, ya que como aprendimos, el sistema límbico también puede ser influido por los cambios físicos.

Para sentirnos más confiados, debemos mantener la cabeza siempre erguida, mirando el panorama que está al frente. Debemos evitar la costumbre de mirar hacia el suelo o bajar la mirada cuando hablamos con otras personas. Esto no sólo denota falta de confianza en nosotros mismos, sino que también nos hace sentir inferiores.

Ahora bien, no se trata de mirar hacia arriba, sino de mirar al frente. Las personas que miran hacia arriba suelen ser percibidas como personas arrogantes o altivas, pues miran "por encima del hombro". Por eso, el secreto es mirar hacia el frente, siempre.

Si nos esforzamos por mantener la cabeza en posición derecha, con la mirada al frente; será mucho más fácil que nuestro cuerpo adopte la postura correcta. ¿Cuál es la postura correcta del cuerpo?

Debemos mantener la espalda derecha, esto quiere decir que debe parecer más inclinada hacia atrás que hacia adelante. La posición común de las personas que transmiten poca confianza es la posición encorvada. Esta no se corrige con sólo enderezar la espalda, hay que acostumbrarse a sacar el pecho y parecer un poco inclinado hacia atrás. Esta posición no sólo te hará ver más confiado y seguro de ti mismo, sino que también te hará sentir más poderoso.

Las piernas nos delatan

Cuando mientras hablamos con alguien, movemos una pierna y la hacemos temblar, estamos transmitiendo incomodidad, nerviosismo, ansiedad o irritación.

Cuando estamos hablando con alguien, y esa persona dirige sus piernas hacia una dirección que no es la nuestra, es porque desea irse. Puede que haya recordado algo importante que debía hacer o que simplemente no esté cómodo en ese lugar, o con nuestra conversación.

Si esto te sucede, cambia el tema por completo. Si no dirige sus piernas de nuevo hacia ti después de unos instantes; proponle ir juntos a otro lugar. Si se niega, entonces es tiempo de terminar con la conversación.

En los hombres, las piernas cruzadas son señal de resistencia o baja receptividad a nuevas ideas. Por ejemplo, los investigadores Gerard I. Nierenberg y Henry H. Calero, publicaron en su libro: "How to Read a Person Like a Book", los resultados de su investigación observando unas dos mil negociaciones grabadas en video. ¿Cuál fue el resultado? En ninguna de las negociaciones en las que uno de los implicados cruzó las piernas, se llegó a un acuerdo.

En el caso de las damas, es una expresión más complicada de descifrar por sí sola; pues ellas, además de cruzar las piernas para cerrarse a nuevas ideas; también cruzan las piernas para descansar de otra posición, parecer más atractivas o demostrar interés por otra persona.

Los pies casi hablan

Cuando estamos tratando de causar una buena impresión en otra persona, procuramos controlar nuestros gestos faciales, nuestros brazos, nuestras manos, nuestra postura, nuestras piernas… pero siempre nos olvidamos de los pies.

Los pies son capaces "gritar" lo incómodos

que nos sentimos con una situación en particular. Por ejemplo, cuando estamos ansiosos, es común que empecemos a mover uno de nuestros pies, sobre todo si estamos sentados. Si la persona con la que hablamos empieza a mover un pie, es muy probable que necesite irse, esté nervioso por algo, o que no sea el momento idóneo para conversar.

Para evitar delatar nuestro nerviosismo en una entrevista de trabajo, debemos plantar los pies firmemente en el suelo. Así evitaremos que los temblores y movimientos de nuestros pies arruinen la primera impresión que se llevarán de nosotros. Colocar los pies con firmeza en el suelo, también nos dará mayor estabilidad y nos ayudará a proyectar mayor seguridad.

Por otro lado, cuando nos acercamos a dos personas que ya están conversando; podremos percibir fácilmente si somos bienvenidos a la conversación o no; observando los pies de las dos personas a las que nos acercamos, ¿Cómo funciona esto?

Si los pies de las dos personas no se mueven y sólo tuercen su torso en tu dirección; quiere decir que definitivamente no eres bienvenido en la conversación. Es posible que se esté tratando un tema privado o estén planeando una fiesta sorpresa para ti.

Pero si por lo menos uno de sus pies se abre en tu dirección, quiere decir que eres bienvenido a unirte a la conversación.

Cuando empieces a fijarte en este detalle, podrás notar que una de las personas mueve su pie y la otra no. Esto querrá decir que una de ellas sí quiere que te unas a la conversación, pero la otra no. Este conocimiento es muy útil en el área laboral.

Tomando en cuenta el contexto

Las expresiones corporales no deben ser interpretadas sin tomar en cuenta el contexto.

Por ejemplo, imagina que conversas con alguien y de pronto esa persona dirige sus piernas y sus pies hacia otro lado. ¿Significa que la conversación no le interesa? ¿Cómo afecta el contexto?

Si estamos en un restaurante y acaba de entrar una familia o un grupo numeroso, y quien nos acompaña dirige sus piernas y sus pies hacia un lado, ¿no pudiera significar que ha llegado alguien a quien quiere ir a saludar por un momento, para después volver a sentarse con nosotros y seguir dándonos toda su atención?

Los brazos cruzados señalan incomodidad o que una persona está a la defensiva, pero, ¿es siempre así? ¿No será más bien que la silla en la que está sentada no tiene descansabrazos? ¿No será que está haciendo frío? ¿No será que la música, lo que le cuentas o tu tono de voz le ha causado escalofríos? Todo va a depender del contexto.

Lo mismo sucede si hablamos con alguien y constantemente parece humedecerse los labios con la lengua. Puede que concluyamos que está nervioso, pero… ¿ya nos fijamos a ver si tiene los labios quebradizos, una llaguita, o quizá se trate de que simplemente le gustamos mucho? Es importante ser observadores para analizar el contexto.

¿Cómo saber si le gustas?

El lenguaje corporal también puede ayudarnos a saber si le gustamos a alguien del sexo opuesto. Es cierto que la fiabilidad de los gestos va a depender de la cultura, de la personalidad y del contexto; pero conocer los secretos del lenguaje corporal del amor, nos darán buenas pistas para saber si ya le gustamos a esa persona, o aún no.

Por lo general, los gestos que demuestran interés romántico, se presentan en secuencia. Por ejemplo:

En una conversación entre varias personas, una chica dirige su mirada a intervalos hacia el chico que le gusta, le pregunta qué opina sobre lo que están hablando, y le escucha con atención; mientras manipula su collar, su anillo o su pulsera, y sus pies están dirigidos directamente hacia él. Esta secuencia indica que todos pueden desaparecer, ella sólo quiere hablar con él.

Por lo general, la mejor manera de saber si a

un chico le interesa una chica, es ver cómo se sitúa en relación a ella. Por ejemplo, si se acerca y se sitúa a su lado, si al sentarse elige un sitio cercano a ella o si al andar acompasa su paso al de ella; y si la toca sólo para hablarle. Esto sucede porque los hombres son naturalmente más territoriales que las damas, por eso se les hace más difícil disimular en estos aspectos.

Puede que una chica haga contacto visual con un chico, y después baje la mirada, se toque el cabello y luego le mira levantando la vista mientras su cabeza sigue un poco inclinada hacia abajo. Esta secuencia es casi infalible para demostrar interés romántico.

Cuando un chico se interesa por una chica, empieza a alejar a la potencial competencia; haciendo desaires innecesarios a los otros chicos; o ridiculizándolos. A la vez que presta más atención de la normal a la persona que es el objeto de su deseo.

Esta atención no siempre es positiva, algunos chicos se ponen tan nerviosos cuando ven a la chica que le gusta, que empiezan ridiculizarla. Esta es una conducta disfuncional que es común entre los adolescentes.

Si en una conversación con varias personas, una chica no se toca el cabello, pero mira al chico de reojo, y empieza a tocar su cabello inmediatamente después de que él empieza a hablarle, y se puede ver que ella le muestra la parte interna de sus muñecas, aprieta los labios y su mirada cambia. Es casi seguro que le gusta.

Como vemos, todo se trata de que veamos los "síntomas" de que le gustas a la otra persona en una secuencia, que puede ser diferente de la que hemos expuesto en esta sección, quizá combinando diferentes expresiones en otro orden; pero que debe tener presente varias de las expresiones corporales que hemos mencionado para tener la certeza de que algo bueno está por suceder.

¿Se pueden detectar las mentiras?

Es posible reconocer a un mentiroso por su lenguaje corporal, lo que sucede es que no es tan fácil como la mayoría piensa. ¿Por qué?

Porque implica muchas variables, tantas que los expertos en lenguaje corporal han establecido cuatro principios que deben ser tomados en cuenta en la detección de mentiras. ¿Cuáles son esos cuatro principios?

1. Familiaridad

Ningún ser humano usa los mismos gestos con la misma intensidad ni con la misma frecuencia que otro. Todos somos diferentes.

Por eso, debemos estar familiarizados con la persona que queremos analizar antes de determinar si nos miente o no. Esto quiere decir que será mucho más fácil detectar las mentiras de nuestros amigos y familiares que las de una persona que acabamos de conocer.

2. Conjunto

De la misma forma en la que sabemos si le gustamos a alguien o no, las señales corporales de la mentira deben aparecer en conjunto, nunca debemos dejarnos llevar por una sola señal aislada.

3. Incongruencia

Los mentirosos no pueden evitar que lo que dicen no concuerde con algunas de sus expresiones corporales. Por eso, la incongruencia es una de las bases importantes para detectar a los mentirosos.

4. Contexto

Se trata de variables como la cultura, la edad, el país, la región, la ciudad, el sexo, la clase social, la educación, la categoría profesional y hasta la jerarquía que ocupa el individuo en su entorno laboral. Los especialistas en detección de mentiras deben ver videos de la persona, o tener la oportunidad de conocerla antes de poder percibir si miente de manera profesional. Todo esto se toma en cuenta cuando se habla de contexto.

Con esta información, ya estás mejor preparado para conocer las señales que te ayudarán a detectar a los mentirosos.

Señal 1: La mirada

Si prestamos un poco de atención, podremos ver las señales en la mirada de las personas que no dicen toda la verdad.

Desviar la mirada es una característica del estrés que produce tener que mentir. Cuando una persona intenta mentir, casi siempre mirará a otro lado justo antes de responder a nuestra pregunta, o desviará la mirada mientras pronuncia las primeras palabras de su mentira.

Cuando le hacemos una pregunta a una persona diestra y su mirada se orienta hacia la izquierda de él, es porque está recordando, lo que nos indica que está diciendo la verdad.

Pero si la mirada de una persona diestra se orienta hacia la derecha de él, será por tres razones:

a) Está teniendo cuidado de buscar las mejores palabras para darnos la respuesta.

b) Está seleccionando la información a fin de darnos sólo una parte, y no toda la información.

c) Está recurriendo a su imaginación con el propósito de elaborar una mentira.

Si la persona es zurda, la orientación de la mirada será al contrario.

Por otro lado, cuando le hacemos una pregunta a una persona diestra, y dirige su cabeza y su mirada hacia el ángulo superior izquierdo, es porque está recordando.

Pero si la persona diestra dirige su cabeza y su mirada hacia el ángulo inferior izquierdo, quiere decir que está hablando consigo mismo para:

a) Decidir si es prudente darnos toda la información.

b) Decidir si contarnos sólo una parte.

c) Decidir si no responder absolutamente nada.

Pero si la persona es diestra y dirige su cabeza y su mirada hacia el ángulo superior derecho, es porque su mente está construyendo imágenes de aquello que nos está diciendo. Esto puede suceder por dos razones:

a) Porque no recuerda con claridad lo que quiere decirnos.

b) Porque se lo está inventando.

Si la persona diestra dirige su cabeza y su mirada hacia el ángulo inferior derecho, es porque está experimentando una sensación física mientras nos habla. Esto significa que debería estar contándonos algo que tenga que ver con sus sensaciones.

Si la persona es zurda, la orientación de la mirada será al contrario.

Señal 2: La duración de las expresiones

Las expresiones faciales emocionales auténticas no duran más de cinco segundos, así que, cuando la duración de una expresión es de cinco a diez segundos, casi siempre se trata de una expresión falsa.

Por ejemplo, fruncir el ceño, que es una expresión de molestia, sólo dura menos de cinco segundos seguidos, aunque estés muy molesto. Si su duración es mayor a cinco segundos, estamos en presencia de una expresión fingida.

Señal 3: La sonrisa

Como ya hemos aprendido existen

diferentes tipos de sonrisa, por ejemplo, podemos agradecer usando una "sonrisa de cortesía", pero también podemos agradecer usando una "sonrisa de Duchenne", que es la sonrisa que revela verdadera alegría.

Si observamos que alguien sonríe, pero no aparecen las arrugas alrededor de los ojos (las patas de gallo), es porque está mostrando sólo una "sonrisa de cortesía", que no expresa verdadera felicidad.

Con la "sonrisa de cortesía" podemos expresar nerviosismo, lástima, miedo, decepción, agradecimiento, simpatía, compasión, burla y otras muchas emociones que no tienen nada que ver con la felicidad verdadera. Por eso, los mentirosos la usan para dar la impresión de que sienten alegría, pero sienten otras emociones.

Señal 4: Los ademanes

Cuando las personas dicen la verdad, es fácil que hagan ademanes con sus manos de forma natural. Pero cuando tienen que mentir, sus ademanes se reducen de forma drástica. ¿Por qué?

Porque mentir requiere de mucha de nuestra capacidad cognitiva, y mientras el mentiroso va creando una historia que parezca creíble, no queda mucha capacidad cerebral para los ademanes naturales.

Señal 5: Menos movimientos antigravitatorios

Los movimientos antigravitatorios, son los que se hacen de abajo hacia arriba. como levantar las cejas, mover las manos de abajo hacia arriba, levantar los brazos, elevar la cabeza, o levantar el cuerpo con el propósito de añadir énfasis a lo que dice.

Señal 6: La postura

Cuando una persona dice la verdad, suele tener los brazos abiertos y relajados, las piernas abiertas, ninguna de sus manos en la cara y el cuerpo en dirección a la persona a quien le habla.

El mentiroso se tocará las muñecas con frecuencia (o el reloj), se tapará la boca a intervalos y se tocará constantemente la cara, las orejas y el cabello. Además, cruzará la pierna y se tomará del tobillo, y apartará la alineación de su cuerpo de la persona que le escucha, dirigiendo su cuerpo hacia un lado.

Señal 7: Movimientos involuntarios

El mentiroso tratará de disimular sus nervios haciendo movimientos repetitivos con la pierna, con el pie, o con los dedos de las manos, manipulando un objeto como un bolígrafo. También pudiera apretar o humedecerse los labios constantemente, moverse inquieto en el asiento o hacer el mismo ademán sin darse cuenta de la repetición.

Las damas suelen drenar sus nervios cuando mienten, manipulando de manera involuntaria sus collares, pendientes, pulseras, anillos, relojes o ajustarse los lentes constantemente sobre su cabeza.

Señal 8: El efecto Pinocho

El estrés de mentir hace que aumente el cortisol, que es la hormona del estrés. Por eso, la presión sanguínea se eleva, y los delicados vasos sanguíneos de la nariz se dilatan. En algunas personas de piel clara es posible observar esa inflamación o enrojecimiento, pero en otras no. Pero todos los mentirosos se tocan la nariz, debido al aumento de la presión sanguínea.

Señal 9: Pausas largas

Los mentirosos suelen hacer largas pausas antes de responder a una pregunta, y su respuesta suele ser corta. Tardan más en responder porque necesitan de más tiempo para inventar la mentira.

Ahora ya sabes más que la mayoría de las personas sobre cómo detectar las mentiras. Pero a continuación, veremos algo que los profesionales hacen para detectar a los mentirosos.

¿Qué son las microexpresiones?

Si somos observadores, podremos descubrir a los mentirosos por las microexpresiones. Pero, ¿qué son las "microexpresiones".

Las microexpresiones son expresiones faciales que se presentan muy rápidamente; tan rápido que no llegan a durar más de un cuarto de segundo. Pero, a pesar de su increíble velocidad, esos gestos faciales son expresiones que, prestando atención, podemos ver completas en el rostro de otra persona.

Los seres humanos normales, no somos capaces de controlar las microexpresiones. Se requiere de entrenamiento especial a fin de que nuestro rostro no produzca las microexpresiones de forma automática. ¿Para qué sirven las microexpresiones?

a) Para que los demás descubran que mentimos.

b) Para cambiar de opinión sobre algo.

Las microexpresiones se producen porque la

respuesta de nuestro rostro a nuestros pensamientos es tan rápida y automática, que no podemos evitar que por un cuarto de segundo nuestro rostro demuestre lo que en realidad estamos sintiendo.

Por esa razón, cuando acabamos de pensar de una forma y hemos cambiado de opinión. Este cambio de opinión tan repentino, hace que la microexpresión desaparezca; para dar paso a lo que ahora sentimos. Todo se trata de la increíble velocidad en la que nuestro cerebro procesa los pensamientos.

¿Cómo reconocer las microexpresiones?

Por ejemplo, si alguien nos pregunta: ¿Te gusta la papaya con sal?, y tratamos de mentir, haremos una microexpresión de desagrado antes de decir que sí. Puede que se trate de arrugar la frente o los ojos por un cuarto de segundo, pero será suficiente para que una persona observadora se fije en la microexpresión.

¿Podemos evitar hacer microexpresiones? Si

somos bueno actores profesionales, sí. Pero como no hemos estudiado actuación, no podemos evitar que nuestro rostro presente una microexpresión fugaz verdadera justo antes de una expresión falsa.

Por ejemplo, una maestra puede ver que uno de sus alumnos hace algo desagradable; pero a la vez divertido. En ese momento, la maestra dibujará en su rostro una microexpresión: una sonrisa fugaz, casi imperceptible, pero de inmediato fingirá que está muy molesta con el alumno y le llamará la atención.

Ahora, veamos un ejemplo de cuando se usa una microexpresión con la idea de cambiar de opinión y no de mentir.

Supongamos que alguien le dice a un esposo que vio a su esposa hablando cariñosamente con un joven en un centro comercial el día anterior. El esposo de inmediato hará una microexpresión que transmitirá incredulidad, pero de inmediato se sonreirá, al recordar que en efecto su esposa se encontró con su hermano en el centro comercial el día anterior.

Como vemos, las microexpresiones no significan que la persona miente el 100% de las veces. Pero sí ayudan mucho a completar el rompecabezas para detectar a los mentirosos.

Conclusiones

Al estudiar el lenguaje corporal, sólo podemos quedar admirados con la capacidad impresionante de nuestro cerebro para procesar toda esa información y transformarla en las expresiones faciales y corporales que conocemos.

Es tal la velocidad de esos sistemas de comunicación corporal que, descubrimos la existencia de las microexpresiones faciales, como una prueba inequívoca de la increíble velocidad en la que se procesan los pensamientos y se traducen en emociones que podemos manifestar.

Lo mejor de todo es que los seres humanos estamos diseñados para responder a esas expresiones corporales de forma que no sólo nos comunican sentimientos, sino que nos hacen sentir emociones, en ocasiones muy intensas. ¿Quién no se ha enamorado? Pero hay más…

También aprendimos que esas expresiones

corporales pueden ayudarnos a sentir mejor. Sonreír hace que nos sintamos más contentos, una postura de confianza hace que nos sintamos más poderosos. ¡Qué gran poder encierran las expresiones corporales!

Vale la pena ser sinceros y disfrutar de decir la verdad, de ser libres para expresar nuestras verdaderas emociones y no seguir presos de nuestras propias mentiras, que no nos dejan ser quienes realmente somos. Vale la pena aprender cómo las expresiones corporales nos hacen sentir mejor, más felices, más confiados, más poderosos, y usarlas para ser cada día mejores.

9 781711 818627